L'EXP

MW01713391

AU PAYS DES DINOSAURES

Karen Dolby

Illustrations

Brenda Haw

Réalisation Patrick Knowles
Traduction de Françoise Spurling
en association avec First Edition

Collection dirigée par Gaby Waters

Table des matières

Une histoire pas comme les autres

L'Expédition au Pays des Dinosaures est l'histoire d'une aventure passionnante . . . mais ce qu'elle a d'original, c'est que nous t'invitons à y participer.

Tout au long de l'histoire tu trouveras des énigmes et des problèmes plus ou moins ardus. A chaque fois, il te faudra trouver la réponse pour pouvoir comprendre l'épisode suivant.

Observe bien les images à la recherche d'indices et de détails importants. Quelquefois, il faudra que tu reviennes en arrière pour trouver la réponse.

Tu trouveras des renseignements supplémentaires à la page 43 et tu pourras vérifier tes réponses en consultant les pages 44 à 48.

Il ne te reste plus qu'à tourner la page pour partir à l'aventure . . .

La découverte du dinosaure

Bastien s'ennuyait, il s'ennuyait tellement qu'il avait même prêté ses patins à roulettes à Josiane. Attaquant un sac géant de caramels à la banane, il se mit à souhaiter qu'il lui arrive quelque chose de passionnant.

Juste à ce moment-là, son copain Jacques arriva en trombe sur sa planche à roulettes.

"Viens lire ça," hurla Jacques en agitant une page de journal toute chiffonnée.

"Il n'y a rien de plus ennuyeux que les journaux," gémit Bastien en lançant un caramel à la tête de Jacques.

"Quelqu'un a fait une découverte incroyable: un dinosaure!" dit Jacques, ignorant Bastien.

"Et c'est près d'ici," s'exclama Josiane, les yeux fixés sur la page de journal. "Dans la forêt des Fossiles."

"Allons-y," dit Jacques. "Peut-être que NOUS AUSSI, on trouvera des os de dinosaure."

Bastien gémit à nouveau tout en continuant à mâchonner. Mais deux caramels plus tard, il partit rejoindre Jacques et Josiane.

La page du journal de Jacques est reproduite à droite.

~SENSAS SOIR~

DECOUVERTE STUPEFIANTE: UN DINOSAURE
. . . Un mystère monstre

par Yvon Lideur

Hier soir, la plus incroyable des découvertes DE TOUS LES TEMPS a eu lieu dans la forêt des Fossiles.

Une équipe d'experts, dirigée par le professeur Gustave Farfelière, a trouvé le squelette d'un dinosaure d'une espèce inconnue.

MONSTRAMAGUS

Le professeur Farfelière a baptisé cet étonnant dinosaure le MONSTRAMAGUS. Dans une interview exclusive, il y a peu de temps, il nous a décrit le monstre.

"Il s'agit d'un dinosaure énorme: 15 mètres de haut, avec de grandes griffes pointues. Il devait dévorer une quantité colossale de viande chaque jour; à côté de lui, le Tyrannosaurus Rex ne paraîtrait guère plus féroce qu'un petit hamster."

Ces singulières traces fossilisées ont été trouvées en dessous du squelette du dinosaure. Les grandes traces sont celles du Monstramagus, mais la petite reste inexpliquée. On dirait l'empreinte d'une chaussure d'homme.

On sait que les hommes et les dinosaures ne vécurent jamais sur terre au même moment . . . mais serait-il possible d'en douter?

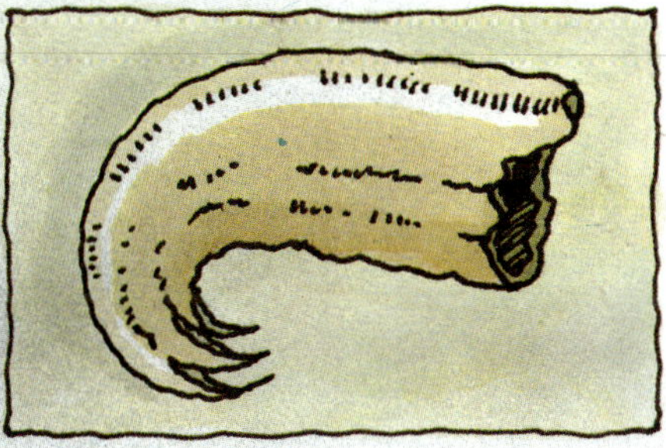

Cette griffe à trois pointes appartenait au Monstramagus. Il en avait deux: une à chaque patte. Les experts croient qu'il s'en servait pour transpercer sa proie. Jusqu'ici on n'en a trouvé qu'une.

MYSTERIEUSES AFFIRMATIONS

Outre cette découverte saisissante, le professeur Farfelière prétend avoir trouvé le moyen de faire éclore des œufs de dinosaure préhistorique et d'obtenir des petits vivants!

Il refuse de révéler le secret de sa découverte mais promet de présenter les résultats au monde entier.

Est-ce réellement possible? Nul ne le sait. Un rival du professeur, le Dr Noël Saitoux, qualifie les affirmations du professeur de "saugrenues", "loufoques", "démentes" et "impossibles". Nous verrons . . .

Le professeur Farfelière

LA FORET DES FOSSILES A L'EPOQUE DE LA PREHISTOIRE

Il y a 150 millions d'années, le lieu que nous appelons aujourd'hui la forêt des Fossiles était peuplé de dinosaures. Personne ne sait à quoi le paysage ressemblait. Certains spécialistes disent que c'était un marécage, d'autres que le secteur était parsemé de volcans en éruption. Le Monstramagus et les empreintes fossilisées ont été trouvés dans une couche de lave, mais les archéologues ont également découvert à proximité des fossiles de coquillages et de crocodiles préhistoriques.

La forêt des Fossiles

Une demi-heure plus tard, dans la forêt des Fossiles, ils arrivèrent par hasard dans une clairière. C'est bien là qu'on avait découvert le dinosaure, mais l'apparence du lieu les surprit du tout au tout.

"On dirait un dépotoir," se lamenta Bastien.

Jacques et Josiane sortirent leurs pelles et commencèrent à fouiller les ordures à la recherche d'os de dinosaures. Bastien trouva un coin confortable sous un arbre et sortit de son sac un objet en plastique à rayures.

"Qu'est-ce que c'est que ça?" cria Jacques.

"Mon coussin gonflable, bien sûr," dit Bastien.

C'est alors qu'à la stupéfaction de Jacques et de Josiane, il gonfla son coussin et s'installa avec son livre de poche sur les dinosaures et une gigantesque barre de chocolat.

Josiane lança un ver de terre gluant dans la direction de Bastien et continua à fouiller dans les ordures. Soudain elle remarqua quelque chose.

"Regardez! Regardez!", cria-t-elle d'une voix excitée. "La griffe du Monstramagus!"

As-tu vu la deuxième griffe du Monstramagus?

Perdus dans les bois

Très soigneusement, Josiane sortit la griffe de la terre. Elle l'enveloppa dans le sac de caramels vide de Bastien et la mit dans son sac à dos.

"Rentrons," déclara Bastien, sentant une goutte d'eau lui dégouliner dans le cou. "Je commence à être mouillé et ce bois me donne la chair de poule."

Les deux autres acquiéscèrent. Il fallait retrouver la route des Sapins, mais dans quelle direction se trouvait-elle?

"Je sais," dit Josiane. "Il faut prendre à gauche au puits et . . ."

"Non," dit Jacques. "C'est tout droit au puits et encore tout droit au carrefour. Première à gauche, première à droite, encore à droite et première à gauche. Ensuite, on passe le pont et on est arrivé. Facile."

"Faux," dit Josiane. "A gauche au puits et tout droit à la Croix du Pendu. Ensuite, on prend le tournant qui passe devant le sentier menant à la chaumière "Les Violettes", on tourne à gauche au bout et on prend le deuxième chemin à droite. On suit ensuite le sentier sinueux qui aboutit à la route des Sapins.

"Vous vous trompez tous les deux," dit Bastien.

"Il faut prendre à droite à la Croix du Pendu, suivre le chemin qui passe sur le pont, prendre la seconde à gauche, puis la première à gauche et la route des Sapins est au bout."

Il choisirent l'itinéraire de Jacques et au fur et à mesure qu'ils poursuivaient leur chemin à travers la forêt, le ciel s'assombrit.

Où est-ce que le chemin de Jacques les emmène? Quel est le bon itinéraire?

Eglise St. Edmond
Rocher du Lézard
La Pierraille
Chaumière en Ruines
Bois Sauvage
Marnière
La Grange
Vieux Puits
Maison Hantée

Les dinosaures!

Tout à coup ils aperçurent un carré de lumière vive. Ils accélérèrent le pas dans cette direction et se retrouvèrent dans un endroit baigné par la lumière chaude et vaporeuse du soleil.

Josiane resta stupéfaite. La forêt s'était transformée en jungle. Une libellule géante effleura le nez de Jacques et Bastien poussa un cri à la vue d'une grosse limace gluante qui rampait sur ses chaussures.

Encore plus terrifiants étaient les étranges mugissements et le vacarme qui semblaient se rapprocher d'eux. Jacques écarta les feuilles d'un buisson.

"Des m . . . m . . . monstres," murmura-t-il d'une voix entrecoupée.

"Non, des dinosaures," balbutia Bastien, la gorge serrée. "En tout cas ça ressemble à des dinosaures."

"Mais . . . comment . . .?" commença Josiane.

Certains des dinosaures étaient si proches qu'on les entendait mastiquer. Est-ce que ce serait bientôt LEUR tour d'être mangés?

"Ne vous inquiétez pas!" dit Bastien en sortant de sa poche son livre sur les dinosaures. "Regardez, c'est marqué ici que certains dinosaures ne mangent que des plantes. Ils ne sont pas dangereux. Mais faisons attention au cas où il y aurait des carnivores."

Le livre de Bastien est à la page suivante.
Comment distingue-t-on les dinosaures herbivores des carnivores?

Le livre de Bastien

Les dinosaures

Les dinosaures sont des créatures qui peuplaient la terre il y a 135 millions d'années. Ils disparurent il y a plus de 60 millions d'années, avant l'apparition de l'homme.

Le mot dinosaure signifie "lézard terrible". Il existait de nombreuses espèces de dinosaures; les fossiles nous permettent de savoir quelle était leur apparence, mais nous ne savons pas de quelle couleur ils étaient.

Tyrannosaure

Les fossiles

Un fossile est un reste d'animal ou de plante qui s'est conservé dans la pierre. On a trouvé des fossiles d'os, d'œufs, de dents et de griffes de dinosaures. Il existe même des fossiles d'empreintes et de peau de dinosaure.

Pour qu'un dinosaure se fossilise, il fallait que son corps soit enterré rapidement. Cela se produisait le plus souvent près des endroits où il y avait de l'eau. Tu comprendras comment cela se passait en lisant les paragraphes qui suivent.

La formation des fossiles

Lorsqu'un dinosaure mourait près d'un marécage ou d'une rivière, son corps s'enfonçait dans la boue au fond de l'eau. Sa chair pourrissait, ne laissant que son squelette.

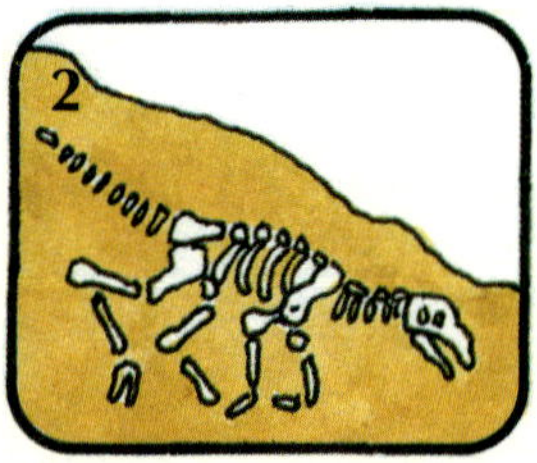

Des couches de boue, de sable et de gravier s'accumulaient au fond. Puis les produits chimiques contenus dans l'eau pénétraient dans les os du dinosaure, transformant son squelette en pierre.

Ici les mouvements de l'écorce terrestre font remonter à la surface les rochers contenant les fossiles. Le vent et la pluie usent le rocher et découvrent en partie les fossiles.

Empreintes

Des empreintes fossilisées se formaient lorsque du sable recouvrait des empreintes solidifiées par le soleil. Petit à petit, la boue se transformait en rocher, conservant ainsi la trace du dinosaure.

Qu'est-ce que mangeaient les dinosaures?

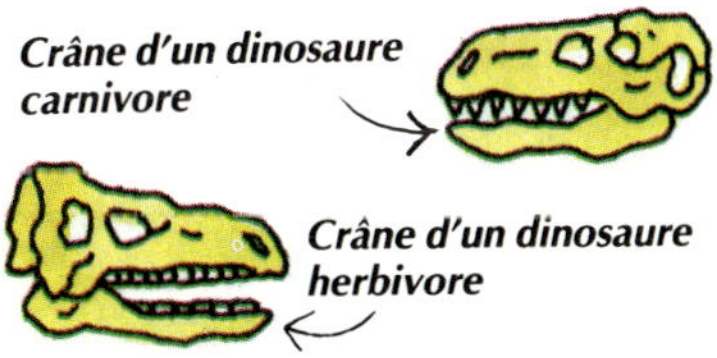

Certains dinosaures étaient carnivores; ils avaient des dents pointues et coupantes. D'autres ne mangeaient que des plantes; ils avaient des dents aplaties, faites pour broyer, ou un bec osseux.

Les herbivores devaient se protéger des carnivores. Certains herbivores avaient des piquants ou des écailles osseuses sur le corps, d'autres vivaient en troupeaux.

Des gros et des petits

Le *Diplodocus,* le plus grand des dinosaures, mesurait 28 mètres de la tête à l'extrémité de la queue. Il était herbivore et vivait en troupeaux.

Le dinosaure le plus petit, le *Compsognathus,* avait la taille d'un corbeau. Il courait très vite et mangeait des insectes et des petits reptiles.

Petits dinosaures

La plupart des dinosaures pondaient des œufs. Ils les enterraient dans un "nid", creusé dans le sol. On a trouvé des fossiles d'œufs de *Protoceratops* contenant des os de petit dinosaure (voir illustration). Les petits avaient la même apparence que les adultes.

Suivons les traces

Jacques et Josiane ne prirent pas le temps de lire le livre de Bastien. Ils firent demi-tour et revinrent sur leurs pas en courant à travers les buissons. Bastien les suivit. Leurs traces étaient bien distinctes, mais tout avait changé. Où étaient-ils?

"Nous avons dû déclencher un mécanisme de dérèglement du temps," dit Bastien gaiement.

"QUOI?" crièrent Jacques et Josiane en choeur.

"Je crois que nous sommes remontés dans le temps . . . jusqu'à l'époque des dinosaures," expliqua Bastien.

"Mais ils n'ont pas la même couleur que les dinosaures," dit Josiane.

"Comment le sais-tu?" demanda Bastien.

Ils marchèrent en silence. Jacques et Josiane se creusaient la tête pour trouver une autre explication, mais en vain.

"Mais qu'est-ce qui s'est passé?" demanda Josiane. "Je ne comprends pas. Qu'avons-nous fait?"

Personne ne le savait. Josiane s'arrêta tout à coup. Les empreintes avaient quelque chose d'étrange.

Qu'est-ce que Josiane a remarqué?

Petits bouts de papier

Un peu plus loin dans la jungle, Bastien trouva des petits bouts de papier déchirés dans l'herbe. Ils étaient recouverts d'une écriture noire en pattes de mouche. Il les ramassa et essaya de reconstituer la feuille de papier comme un puzzle.

"C'est la page d'un journal personnel," s'exclama Josiane.

"Et la personne qui l'a écrite vit encore aujourd'hui," ajouta Jacques en regardant au bas de la page. "La dernière date est le 25 août. C'est aujourd'hui."

Reconstitue la page de journal avec les petits bouts de papier.

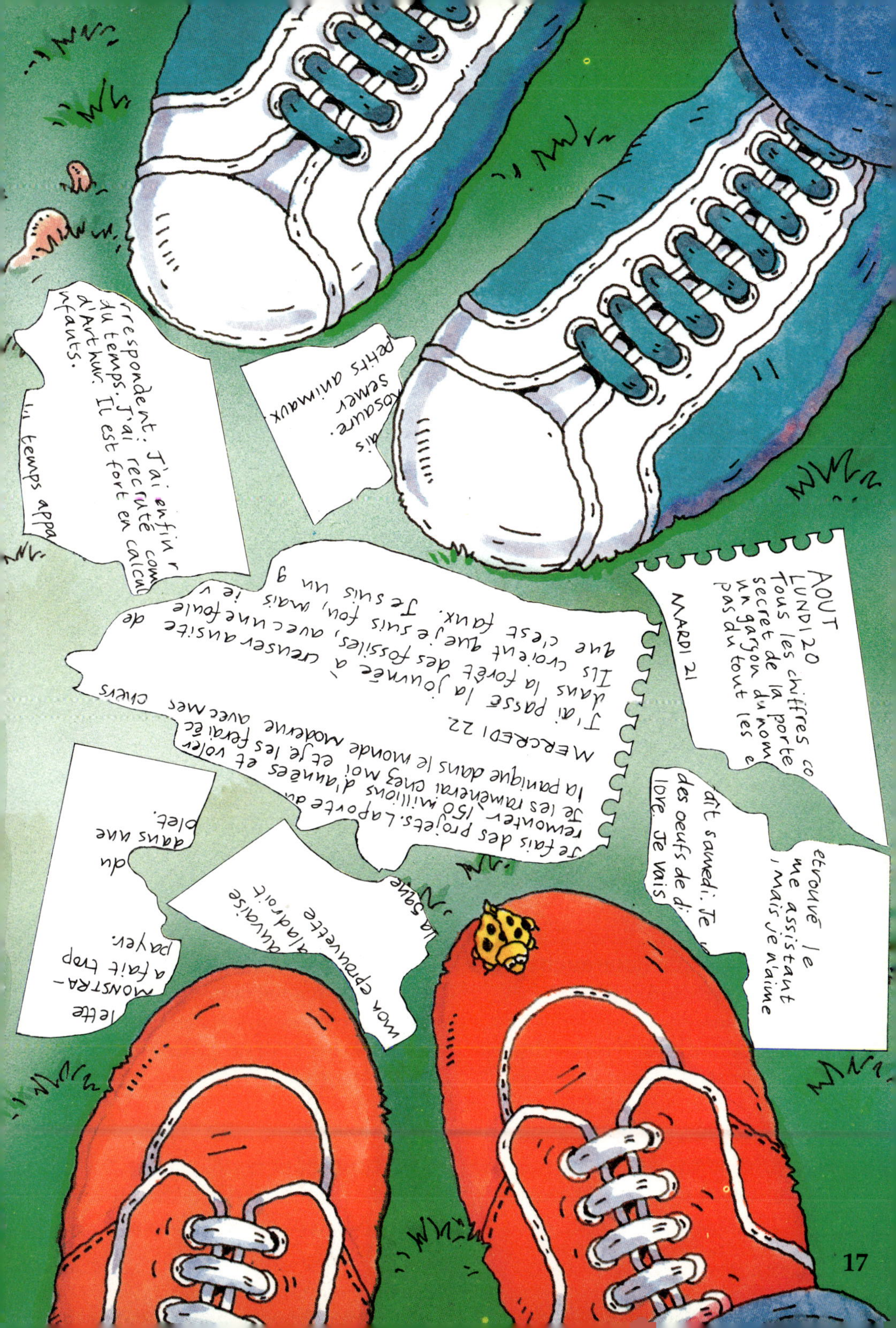
AOUT
LUNDI 20
Tous les chiffres co
secret de la porte
un garçon du nom
pas du tout les e
MARDI 21
MERCREDI 22
J'ai passé la journée à creuser avec mes chers
dans la forêt des fossiles, avec une foule de
Ils croient que je suis fou, mais je v
que c'est faux. Je suis un g
Je fais des projets. La porte du
remonter 150 millions d'années et voler
Je les ramènerai chez moi et je les ferai éc
la panique dans le monde moderne avec mes
rrespondent. J'ai enfin r
du temps. J'ai recruté com
d'Arthur. Il est fort en calcul
nfants.
temps appa
ais
osaure.
semer
petits animaux.
etrouvé le
me assistant
, mais je n'aime
dit samedi. Je
des oeufs de di
lore. Je vais
lette
MONSTRA-
a fait trop
payer.
du
dans une
plet.
la Sauve
maladroit
mauvaise
mon éprouvette

Haut les mains

Bastien commençait à s'inquiéter. Quelle que soit son identité, l'auteur du journal avait des idées très bizarres.

"Je crois que nous avons intérêt à faire attention," dit-il.

"Je pense bien," répondit une voix sinistre. "Haut les mains!"

Ils se trouvèrent nez à nez avec le canon d'un fusil que brandissait un vieillard portant un nœud papillon.

"Qu'est-ce vous faites ici?" demanda l'homme. "Ce journal est à MOI et vous avez franchi MA porte du temps."

Il s'adressa ensuite en criant à un garçon à l'air pitoyable qui était à côté de lui. Josiane resta stupéfaite. C'était Arthur, la vedette du club de science de l'école.

"Tout est ta faute, Arthur," brailla l'homme. "Attache moi immédiatement ces espions."

Arthur prit un air encore plus misérable, mais il obéit. Josiane essaya de lui parler mais il ne la regardait pas.

L'homme enfonça le canon de son fusil dans le dos de Bastien et leur ordonna d'avancer. Il les fit avancer à une allure vertigineuse jusqu'au plus profond de l'épaisse jungle tropicale. Partout, des yeux les fixaient à travers les broussailles.

De grosses gouttes de pluie se mirent à tomber et la boue se mit à gicler sous leurs pieds. Mais ils continuèrent à marcher sans s'arrêter.

Jacques jeta un coup d'œil sur l'homme. Son visage lui paraissait familier. Il était convaincu de l'avoir déjà vu.

Sais-tu qui est l'homme? Comment s'appelle-t-il?

Prisonniers sous terre

Tout à coup le professeur s'arrêta. Ils étaient arrivés à un grand trou.

"Arrêtez! "dit le professeur d'un ton sec. "Vous êtes arrivés au bout de votre voyage, espèces de voyous qui se mêlent de ce qui ne les regarde pas."

Il attrapa Jacques par la peau du cou et le poussa dans le trou. Puis il s'empara de Josiane.

"Bonne descente," ricana-t-il. "Vous devriez faire des fossiles très intéressants."

Lorsque ce fut le tour de Bastien, il se passa quelque chose d'étrange. Profitant de ce que le professeur avait le dos tourné, Arthur fourra un petit bout de papier dans la main de Bastien. Il n'eut pas le temps de le regarder et se sentit glisser dans le trou, le long d'un tunnel sombre et humide, puis il lui sembla tomber encore plus bas, dans l'obscurité.

Il atterrit sur un tas de terre molle, près de Jacques et de Josiane. Ils étaient dans une grotte lugubre. Il y faisait froid, sombre et humide. Que faire?

Bastien déplia la note d'Arthur. Le garçon voulait les aider! Mais tout d'abord, il fallait sortir de la grotte. Jacques essaya de remonter le tunnel mais il fut repoussé par un cours d'eau qui ruisselait dans la grotte. Il y avait un trou au plafond, mais il était bien trop haut.

Le cours d'eau s'était transformé en torrent et l'eau ne tarda pas à leur arriver aux chevilles . . . puis aux genoux. Il fallait VITE trouver un moyen de s'échapper sous peine d'être noyés.

En un éclair, Bastien se souvint qu'il avait quelque chose qui leur sauverait la vie en leur permettant de sortir de la grotte.

Comment vont-ils réussir à s'échapper?

Il va falloir que vous nous suiviez pour rentrer chez vous: seul le professeur connaît le secret de la porte du temps. Nous allons au nid du monstramagus pour chercher les oeufs. Le nid est au sud d'un volcan à la cime bleutée, situé au sud du marécage. Je vais essayer de tracer une piste pour vous aider. Faites attention: le professeur est fou et méchant. Rien ne l'arrêtera...
Je me servirai des signes suivants:
× fausse piste
→ par ici
O danger! ne franchissez pas ce point

Sur la piste

Ils se hissèrent hors de la grotte inondée et se retrouvèrent dans une clairière, au milieu de la jungle. La pluie s'était arrêtée et leurs vêtements commencèrent à sécher au soleil. Ils cherchèrent la piste d'Arthur.

"Pouvons-nous lui faire confiance?" demanda Jacques avec incertitude.

Ils n'avaient pas le choix. Seul Arthur pouvait les mener au professeur. Et sans le professeur, ils n'avaient aucune chance de rentrer chez eux.

"Je meurs de faim," gémit Bastien en ouvrant un paquet de biscuits à la banane.

Josiane fit une grimace à Bastien, mais Jacques ne fit pas attention. Il avait les yeux fixés sur le sol. Il prit un sentier étroit qui menait au plus profond de la jungle. Il continua un peu plus loin et remarqua trois bouts de bois en forme de flèche. Il avait trouvé le point de départ de la piste.

Peux-tu suivre la piste d'Arthur à travers la jungle?

Des monstres volants

A la lisière de la jungle, ils entendirent un bruissement très intense. Tout autour d'eux, les arbres se mirent à frémir. Ils levèrent les yeux et virent un énorme dinosaure volant.

"C'est un Pteranodon," dit Bastien d'une voix satisfaite.

Le Pteranodon fonça sur les enfants et saisit Josiane et Bastien dans ses griffes pointues. Puis il ouvrit le bec et attrapa Jacques par le col. Il s'éleva au-dessus de la jungle, loin de la piste, et les déposa sur un rocher escarpé.

"Je crois qu'il nous a mis sur son prochain menu," dit Jacques, la gorge serrée.

Mais au moment même où le dinosaure ouvrait à nouveau son gigantesque bec, une ombre s'abattit sur le rocher. Un monstre volant encore plus grand se dirigeait vers eux.

"C'est un Quetzalcoatlus!" s'écria Bastien.

Il fondit sur le Pteranodon et les deux monstres engagèrent le combat. Josiane croisa les doigts et ferma les yeux . . .

Lorsqu'elle les rouvrit, les monstres étaient partis. Les enfants étaient hors de danger, mais ils avaient perdu la piste d'Arthur. Comment allaient-ils trouver le professeur et le nid du Monstramagus?

Jacques eut une idée. Il sortit de sa poche une boussole. Le Nord était juste derrière eux.

Où est le nid?

Descente dangereuse

Il fallait commencer par descendre de la montagne. Le fond de la vallée paraissait très loin. Au-dessous d'eux se trouvaient une série d'étranges rochers en forme de piliers.

"Nous pourrions sauter d'un rocher à l'autre et grimper sur l'arbre," dit Bastien. "Mais des obstacles épouvantables nous barrent le chemin."

Il y avait des serpents venimeux, des mares de vapeurs, de la rocaille, des buissons piquants, un flot de lave brûlante . . . et des dinosaures.

"Suivez-moi," dit Jacques en sautant sur le premier pilier.

As-tu trouvé un chemin qui permet de descendre du rocher en évitant tous les obstacles?

La traversée de la jungle

Sans perdre des yeux le volcan à la cime bleutée, ils avançaient dans la jungle mystérieuse. Tout autour d'eux, on entendait des bruits étranges et des bruissements. Ils s'arrêtèrent brusquement. En face d'eux se trouvait un dinosaure de la taille d'un éléphant.

"C'est un Allosaurus," dit Bastien, gaiement. "Où est mon appareil? Imaginez-le à côté de Papa dans mon album de photos."

Ni Jacques, ni Josiane n'avaient envie de perdre leur temps à prendre des photos. Ils firent demi-tour et se mirent à courir. Bastien les suivit . . . l'Allosaurus à ses trousses.

Ils coururent à une allure telle qu'ils étaient prêts à s'écrouler, et pourtant le dinosaure ne donnait aucun signe de fatigue. Soudain Jacques s'arrêta au pied d'un arbre abattu. Il fit un bond, attrapa une branche solide et se hissa jusqu'en haut. Josiane et Bastien l'imitèrent.

Perchés tout en haut parmi les feuilles, ils se sentaient en sécurité. L'Allosaurus s'arrêta au pied de l'arbre et leva la tête vers eux. Il poussa un grognement en montrant les dents: impossible de les attraper.

Il finit par poursuivre son chemin. Les enfants attendirent qu'il ait disparu pour descendre de l'arbre. C'est alors que Josiane remarqua un morceau de papier chiffonné accroché à un tronc d'arbre.

"Nous devons être revenus sur la piste d'Arthur," s'écria-t-elle allègrement.

Elle décrocha la feuille de papier et poussa un gémissement. Le message était codé.

"Je n'y comprends rien," dit-elle. "A vous d'essayer."

Peux-tu déchiffrer le message d'Arthur?

Le nid

Ils continuèrent à se faufiler dans la jungle. Le nid n'était plus très loin. La clairière était devant eux et on apercevait au loin les mares de poison bouillant.

Tout à coup, Jacques aperçut le professeur. Il était dans un creux, à côté de huit grands œufs blancs. Derrière lui se trouvait un énorme dinosaure endormi. C'était le Monstramagus.

Cachés derrière un rocher, ils virent le professeur sortir les œufs du nid et les examiner un à un.

"Il va les voler," dit Bastien d'une voix entrecoupée. "Il faut l'en empêcher."

Mais ils étaient impuissants. Le professeur mit les œufs dans un grand coffre en métal, referma le couvercle et appuya sur des boutons. Puis il appela Arthur et se dirigea d'un pas assuré vers le volcan à la cime bleutée avec un appareil photo et un trépied.

"C'est le moment ou jamais," dit Jacques. "Vite! Prenons les œufs."

Ils remplaceraient les œufs par des pierres pour que le professeur ne s'aperçoive de rien. Mais il restait un obstacle. Le coffre était fermé à clé.

"C'est une serrure à combinaison," dit Josiane en regardant les boutons sur le couvercle. "Il faut appuyer sur les touches dans un certain ordre pour l'ouvrir."

Certains boutons portaient un numéro, d'autres non. Sur lesquels fallait-il appuyer?

C'est alors que Bastien remarqua un bout de papier à côté du coffre. Il renfermait une liste d'instructions compliquées.

"Cela nous sera peut-être utile," dit-il lisant la première ligne tout haut.

Sur quels boutons faut-il appuyer pour ouvrir le coffre? Commence par trouver les chiffres qui manquent.

Les documents du professeur

Bastien sortit soigneusement les œufs du coffre et Jacques les remit dans le nid. Le Monstramagus dormait encore paisiblement. Josiane remplit le coffre de pierres et le referma à clé.

"Maintenant, il faut que nous trouvions la carte du temps du professeur," dit-elle.

Bastien se mit à vider les sacs du professeur sur le sol. Il y avait des centaines de cartes et de papiers. Lequel d'entre eux était la carte du temps? Il fallait la trouver vite. Le professeur pouvait revenir à tout moment.

As-tu trouvé la carte du temps?

La carte du temps

Jacques desserra le nœud rouge et déroula soigneusement la vieille carte déchirée. Il l'étala sur le sol devant eux.

"C'est une carte de tout le secteur," s'exclama Josiane. "Ce n'est pas la première fois que le professeur vient ici."

Jacques, Josiane et Bastien regardaient fixement la carte, déconcertés. Ils étaient désarçonnés. Le nid était indiqué par une flèche. Mais où était la porte du temps. Elle n'était indiquée nulle part.

"Rien à faire," se lamenta Bastien. "Nous n'arriverons jamais à sortir d'ici."

Josiane était prête à acquiéscer, lorsqu'elle se mit à lire les étranges annotations griffonnées sur les bords de la carte avec une écriture en pattes de mouche.

"Je pense qu'elles contiennent des détails importants," expliqua-t-elle en les montrant du doigt. "En nous orientant avec la boussole, nous trouverons la porte du temps."

Josiane étudia la carte pendant que Jacques et Bastien montaient la garde.

"Je l'ai trouvée," dit Josiane.

. . . Juste à temps. Le professeur revenait. Ils plongèrent dans les broussailles.

As-tu trouvé la porte du temps?

Le marais aux crocodiles

Le professeur contempla la scène avec effroi. Il y avait des documents et des cartes partout.

"Fuyons," cria Jacques en accélérant l'allure en direction de la jungle.

Trop tard. Le professeur les repéra aussitôt et se lança à leur poursuite.

Jacques, Josiane et Bastien continuèrent à courir de toutes leurs forces et arrivèrent au bord d'un vaste marécage tout fumant.

"Il faut traverser," dit Jacques. "C'est le chemin le plus court pour aller à la porte du temps."

"Ce tronc creux pourrait nous servir de barque," dit une voix.

C'était Arthur! Il avait échappé au professeur. Josiane et Bastien montèrent dans la barque, et Jacques et Arthur commencèrent à les pousser vers le centre du marécage. Mais de quoi allaient-ils se servir pour ramer?

"Impossible de nous servir de nos mains," dit Arthur. "Vous avez vu les crocodiles!"

Il avait raison. C'est alors que Josiane se rappela qu'elle et Jacques avaient quelque chose qui pourrait servir de rame.

De quoi vont-ils se servir pour ramer?

Bastien et le Monstramagus

Sur l'autre rive, le marécage était entouré d'une chaîne abrupte de montagnes et de volcans. Il n'y avait qu'un seul chemin pour la franchir: un col étroit et boueux qui passait au pied d'un volcan fumant. Un flot de lave brûlante commençait à couler sur le flanc du volcan, en direction du col.

Ils se précipitèrent vers le col, passèrent sous une corniche et furent enfin hors de danger. Mais où était Bastien? Il était resté en arrière . . . on le voyait encore qui ramait dans l'eau. Et derrière lui se trouvait . . . un énorme Monstramagus.

"Que faire? Que va-t-il se passer?" se lamenta Josiane.

"Evident," dit Arthur, en tapant sur les touches de sa calculatrice.

Jacques et Josiane le regardèrent, l'air ahuri. Arthur s'expliqua.

"La lave coule en direction de la corniche. Bastien est à huit mètres du milieu de la corniche et il fait 100 mètres en 25 secondes."

"La lave coule à une vitesse de deux mètres par seconde. Elle est à six mètres de la corniche qui fait 17 mètres de haut. Le Monstramagus est à 16 mètres de Bastien et nous savons déjà quelle est sa taille."

Fais un calcul pour savoir ce qui va se passer.

A la recherche de la porte du temps

Ils continuèrent à grimper le col et arrivèrent dans un endroit découvert. La jungle était visible, un peu plus loin. La porte du temps était quelque part par là . . .

Bastien s'arrêta de trembler et se mit à ronchonner.

"J'ai failli être mangé par ta faute, Jacques," grommela-t-il. "C'est toi qui a eu l'idée de faire cette expédition. Je serais tout aussi bien resté à m'ennuyer à la maison."

Mais personne ne faisait attention à lui. Il n'y avait pas de temps à perdre.

Jacques déroula la carte du professeur. Il ne restait plus que quelques minutes avant que la porte disparaisse. Il FALLAIT la trouver.

"Nous sommes au bon endroit," dit Jacques. "Mais où est la porte?"

"Cherchons-la," dit Arthur. Elle devrait être facile à voir."

Ils firent les cent pas en cherchant. Soudain, elle leur apparut!

Où est la porte du temps?

L'empreinte fossilisée

De retour à leur époque, il était difficile de croire que l'aventure s'était vraiment passée. La forêt des Fossiles était plus sombre et plus lugubre que jamais et même le professeur avait l'air moins fou.

Cachés derrière un buisson, ils regardèrent le professeur traverser la forêt péniblement avec son précieux coffre. Quelle serait sa réaction lorsqu'il se rendrait compte qu'il était plein de pierres? Que dirait-il lorsqu'il découvrirait qu'Arthur avait pris la pellicule dans son appareil?

Le lendemain, ils emmenèrent la griffe du Monstramagus au musée. Ils allèrent aussitôt voir les célèbres empreintes fossilisées. Leurs yeux étaient fixés sur la petite trace de pied fossilisée.

"Vous savez d'où elle vient, n'est-ce pas?" dit Josiane en riant.

"Personne ne nous croirait si nous essayions de leur expliquer!" dit Jacques.

Sais-tu à qui appartient la trace fossilisée?

Renseignements supplémentaires

Pages 6-7

Regarde la forme des griffes sur le journal de Jacques, à la page 5.

Pages 8-9

C'est facile. Commence par suivre l'itinéraire de Jacques pour voir où il mène. Ensuite, suis l'un après l'autre l'itinéraire de Josiane et celui de Bastien.

Pages 10-11

C'est facile lorsqu'on lit le livre de Bastien sur les dinosaures (pages 12 et 13).

Pages 14-15

Observe les unes après les autres les traces de Jacques, de Josiane et de Bastien. Est-ce qu'il y en a d'autres?

Pages 16-17

Décalque un à un les bouts de papier, ou photocopie la page et découpe les morceaux. Reconstitue la page en collant les morceaux sur une feuille de papier.

Pages 18-19

Retourne à la page 5 et relit le journal de Bastien.

Pages 20-21

Qu'est-ce que Bastien a apporté? Regarde aux pages 6 et 7.

Pages 22-23

La question est facile. Il suffit d'observer.

Pages 24-25

La note d'Arthur à la page 21 et le journal du professeur Farfelière (pages 16 et 17) devraient t'aider à répondre.

Pages 26-27

C'est facile. Il leur suffit de sauter d'un pilier à l'autre et de grimper sur l'arbre.

Pages 28-29

Essaie de remplacer la dernière lettre de chaque mot par la première lettre du suivant.

Pages 30-31

Commence par trouver les numéros qui manquent. Croissant signifie de plus en plus grand.

Pages 32-33

La carte du temps est décrite sur la note d'Arthur, à la page 29.

Pages 34-35

Commence par trouver l'entrée. Souviens-toi des points cardinaux.

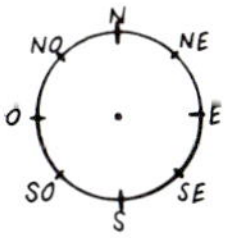

Pages 36-37

Quel instrument Jacques et Josiane ont-ils apporté? Regarde à la page 6 et à la page 7.

Pages 38-39

Sers-toi des chiffres donnés par Arthur pour calculer combien de temps il faudra à Bastien, au Monstramagus et à la lave pour atteindre la corniche.

Pages 40-41

Remarques-tu quelque chose d'étrange sur cette image?

Page 42

Retourne en arrière et observe les traces de pas de tous les personnages.

Réponses

Pages 6-7

Voici la griffe du Monstramagus.

Pages 8-9

L'itinéraire de chacun des enfants est indiqué sur cette carte. Celui de Bastien est le seul qui soit correct. L'itinéraire de Jacques les emmène au Bois Sauvage.

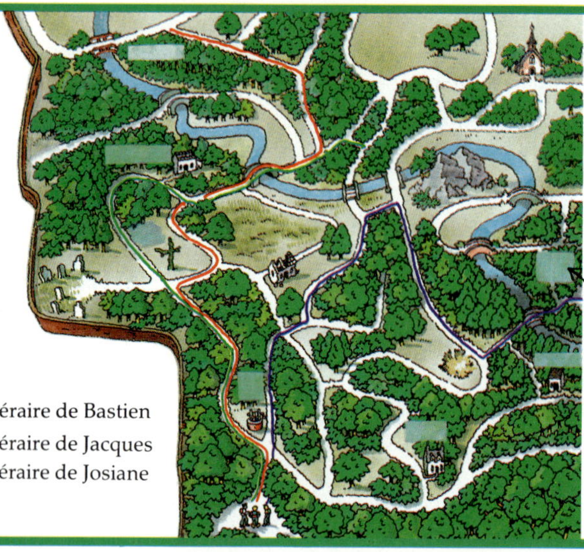

Pages 10-11

Cette illustration indique si les dinosaures mangent de la viande ou des plantes.

Pages 14-15

Josiane a vu cinq empreintes différentes. Par conséquent, deux autres personnes ont remonté le temps avec eux.

Pages 16-17

Voici la page du journal reconstituée.

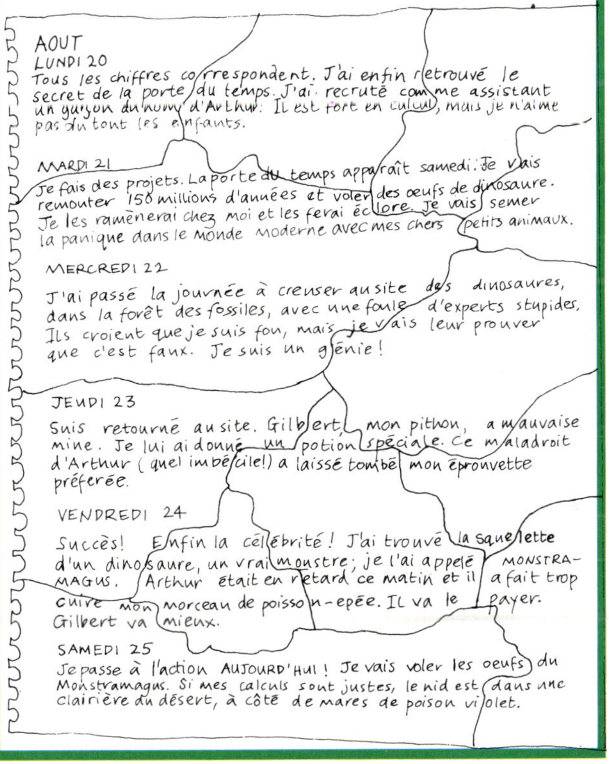

AOUT
LUNDI 20
Tous les chiffres correspondent. J'ai enfin retrouvé le secret de la porte du temps. J'ai recruté comme assistant un garçon du nom d'Arthur. Il est fort en calcul, mais je n'aime pas du tout les enfants.

MARDI 21
Je fais des projets. La porte du temps apparaît samedi. Je vais remonter 150 millions d'années et voler des œufs de dinosaure. Je les ramènerai chez moi et les ferai éclore. Je vais semer la panique dans le monde moderne avec mes chers petits animaux.

MERCREDI 22
J'ai passé la journée à creuser au site des dinosaures, dans la forêt des fossiles, avec une foule d'experts stupides. Ils croient que je suis fou, mais je vais leur prouver que c'est faux. Je suis un génie !

JEUDI 23
Suis retourné au site. Gilbert, mon pithon, a mauvaise mine. Je lui ai donné un potion spéciale. Ce maladroit d'Arthur (quel imbécile!) a laissé tombé mon éprouvette préferée.

VENDREDI 24
Succès! Enfin la célébrité ! J'ai trouvé la squelette d'un dinosaure, un vrai monstre; je l'ai appelé MONSTRAMAGUS. Arthur était en retard ce matin et il a fait trop cuire mon morceau de poisson-epée. Il va le payer. Gilbert va mieux.

SAMEDI 25
Je passe à l'action AUJOURD'HUI ! Je vais voler les oeufs du Monstramagus. Si mes calculs sont justes, le nid est dans une clairière du désert, à côté de mares de poison violet.

Pages 18-19

L'homme est le professeur Farfelière. Jacques le reconnaît d'après la photo du journal, en page 5. Voir ci-dessous.

Pages 20-21

Bastien a un coussin gonflable (pages 6 et 7). Ils vont le gonfler et s'y accrocher. Cela leur permettra de flotter. Lorsque le niveau de l'eau atteindra le plafond, ils pourront sortir par le trou.

Pages 22-23

Pages 24-25

Le nid est derrière ce volcan. D'après la note d'Arthur, à la page 21, le nid est au sud d'un volcan à la cime bleutée, au sud du marécage. D'après le journal du professeur (pages 16 et 17), le nid est dans une clairière désertique, près des mares de poison violet.

Pages 26-27

Le chemin à prendre pour descendre du rocher de pilier en pilier est indiqué en noir.

Il faut grimper sur cet arbre.

Pages 28-29

Pour déchiffrer le message, il faut remplacer la dernière lettre de chaque mot par la première lettre du mot suivant.

Vous êtes près du nid. Ne vous inquiétez pas du Monstramagus. La flèche du professeur va l'endormir pendant une heure. Vous trouverez la porte du temps sur la carte du professeur. C'est un vieux rouleau de parchemin déchiré, attaché avec un nœud rouge.

Pages 30-31

Les cases vides ont été remplies sur ce dessin. Pour ouvrir la serrure, il faut appuyer sur les touches 2, 4, 6 et 8.

Pages 32-33

Ce document est le seul qui corresponde à la description de la page 29.

Pages 34-35

Il suffit de s'orienter à l'aide de la boussole pour trouver les portes du temps (voir ci-dessous).

Pages 36-37

Jacques et Josiane ont tous les deux une pelle qui pourra leur servir de rame.

Pages 38-39

Bastien court à une vitesse de quatre mètres par seconde; il passera donc sous la corniche dans deux secondes. La lave va atteindre la corniche – qui est beaucoup plus haute que lui – dans trois secondes; Bastien n'est donc pas en danger.

Le Monstramagus passera sous la corniche dans quatre secondes. A ce moment-là la lave sera à quinze mètres du sol; elle tombera donc sur la tête du Monstramagus. Le Monstramagus fait 15 mètres de haut (voir le journal de Jacques, à la page 5).

Pages 40-41

Voici la porte du temps.

On voit au loin l'église St. Edmond, représentée sur la carte de la forêt (pages 8 et 9).

Page 42

Bastien est le seul dont l'empreinte corresponde aux traces de pas fossilisées. Elles ont été faites au moment où il courait dans la boue pour échapper au Monstramagus. La lave les a conservées, tout comme les empreintes du dinosaure et son squelette. Elles ont fini par se fossiliser (voir pages 12 et 13).

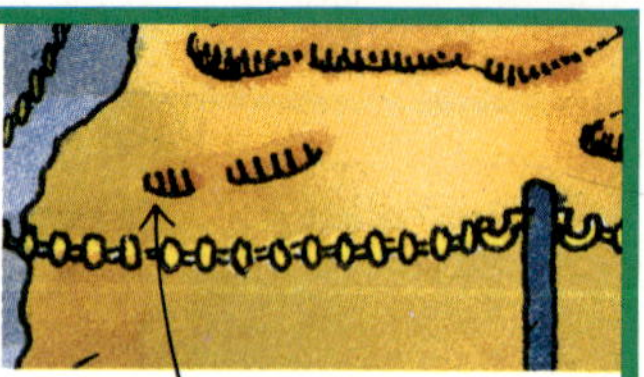

Trace de pas fossilisée

Trace de pas de Bastien

© 1987 Usborne Publishing Ltd, Usborne House, 83-85 Saffron Hill, London EC1N 8RT, Angleterre.

© 1990 Usborne Publishing Ltd pour le texte français.

La marque Usborne est une marque déposée d'Usborne Publishing Ltd.

Tous droits réservés. Aucune partie de cet ouvrage ne peut être reproduite, stockée en mémoire d'ordinateur, ou transmise par tout moyen électronique, mécanique, photocopie, enregistrement ou autre, sans la permission préalable de l'éditeur.

Imprimé en Belgique.